KB184761

쉽고 빠르게 익히는
알파벳
쓰기

어린이교육연구원 글

효리원
hyoreewon.com

대문자
에이

Alligator
[앨리게이터] 악어

🪧 대문자 A를 순서에 맞게 써 보세요.

A A A A A

A A A A A

🔊 Aa 는 주로 [애], [에], [아] 소리가 나요. 입술 양끝을 벌려서 소리를 내 보세요.

Ant

[앤트] 개미

Apron

[에이프런] 앞치마

Anchor

[앵커] 닻

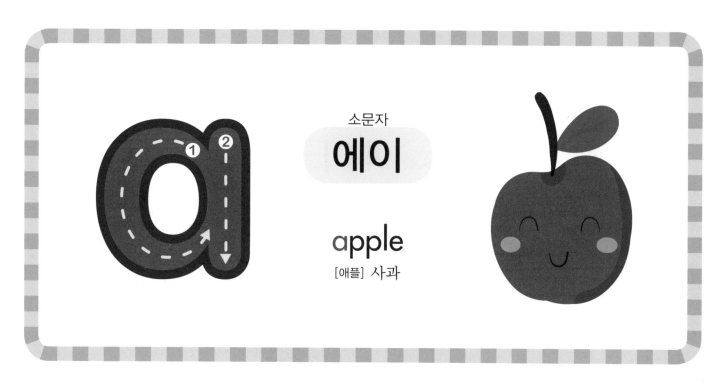

소문자

에이

apple

[애플] 사과

✏️ 소문자 a를 순서에 맞게 써 보세요.

① a ②   a   a   a

a   a   a   a

avocado

[애버카도] 아보카도

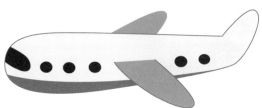

airplane

[에어플레인] 비행기

대문자
비

Bear
[베어] 곰

✏️ 대문자 B를 순서에 맞게 써 보세요.

B B B B B

B B B B B

🔊 Bb는 주로 [브] 소리가 나요. 입술을 가볍게 붙였다가 떼면서 소리를 내 보세요.

Book
[북] 책

Button
[버튼] 단추

Bee
[비] 벌

소문자

비

banana

[버내너] 바나나

🖍️ 소문자 b를 순서에 맞게 써 보세요.

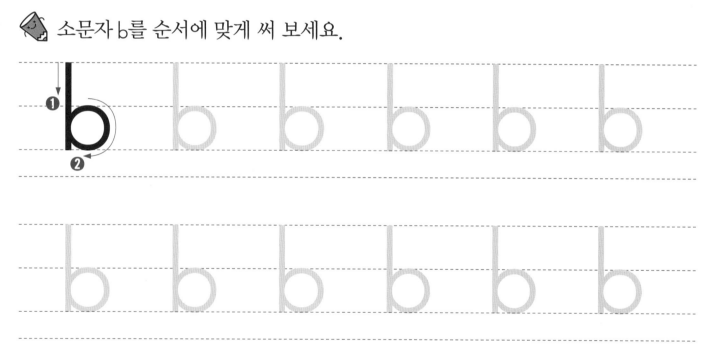

broccoli

[브라컬리] 브로콜리

butterfly

[버터플라이] 나비

대문자

씨

Cow

[카우] 암소

대문자 C를 순서에 맞게 써 보세요.

C C C C C C

C C C C C C

Cc 는 주로 [크] 소리가 나요. 목구멍을 닫으면서 소리를 내 보세요.

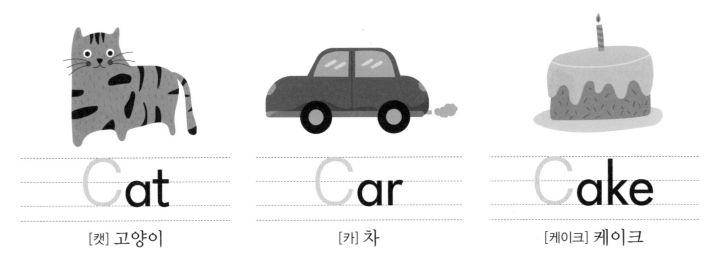

Cat

[캣] 고양이

Car

[카] 차

Cake

[케이크] 케이크

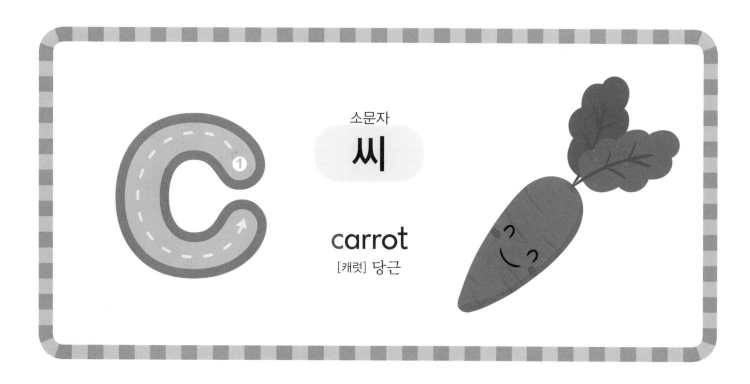

소문자

씨

carrot

[캐럿] 당근

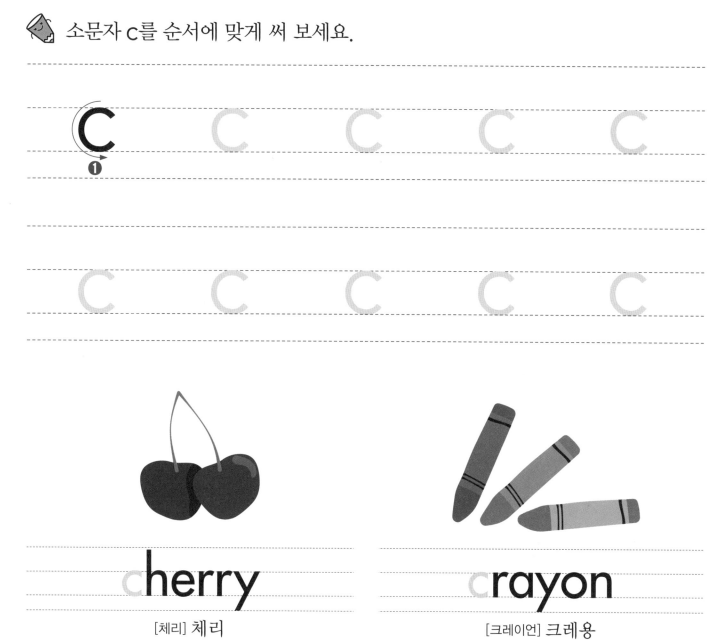

소문자 c를 순서에 맞게 써 보세요.

C

cherry

[체리] 체리

crayon

[크레이언] 크레용

대문자
디

Dog
[도그] 강아지

📝 대문자 D를 순서에 맞게 써 보세요.

D D D D D D

D D D D D D

🔊 Dd는 주로 [드] 소리가 나요.

Drum

[드럼] 드럼

Duck

[덕] 오리

Door

[도어] 문

소문자

디

doughnut

[도넛] 도넛

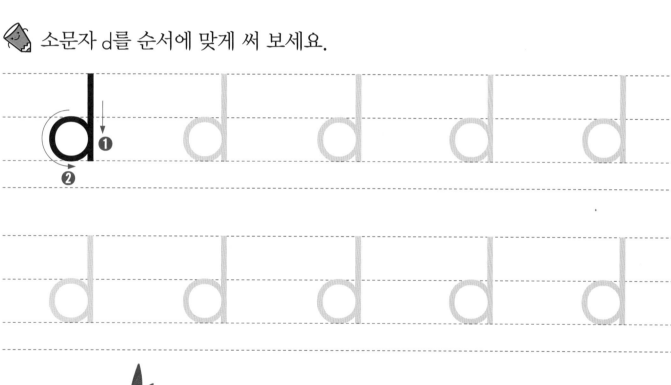

소문자 d를 순서에 맞게 써 보세요.

dragonfruit

[드래건프룻] 용과

dolphin

[달핀] 돌고래

대문자
이

Elephant
[앨리펀트] 코끼리

✏️ 대문자 E를 순서에 맞게 써 보세요.

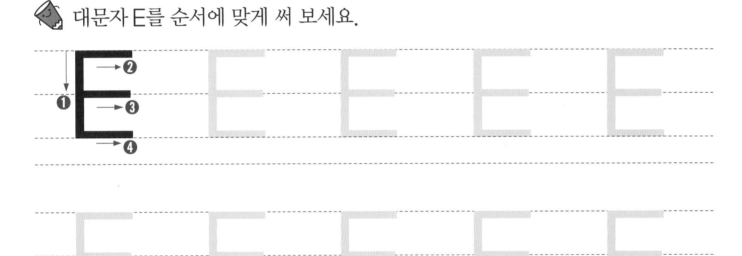

🔊 Ee는 주로 [에], [이], [어] 소리가 나요.

Egg
[에그] 달걀

Earth
[어쓰] 지구

Eight
[에잇] 8, 여덟

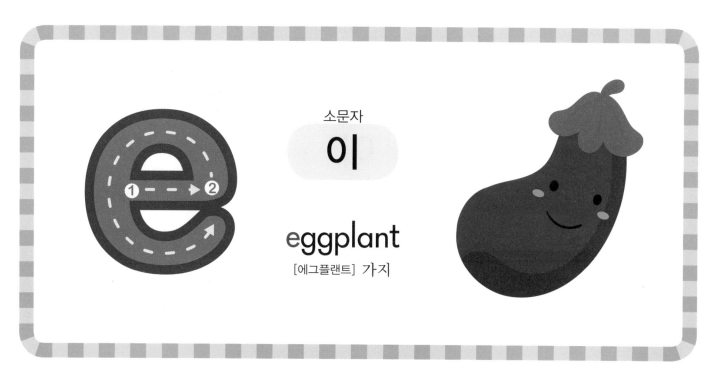

소문자
이

eggplant

[에그플랜트] 가지

소문자 e를 순서에 맞게 써 보세요.

e e e e e

e e e e e

env**e**lope

[엔벌롭] 봉투

eras**e**r

[이레이저] 지우개

대문자
에프

Fox
[팍스] 여우

✏️ 대문자 F를 순서에 맞게 써 보세요.

🔊 Ff는 주로 [프] 소리가 나요. 윗니로 아랫입술을 살짝 덮으면서 소리를 내 보세요.

Fly

[플라이] 파리

Fish

[피쉬] 물고기

Frog

[프로그] 개구리

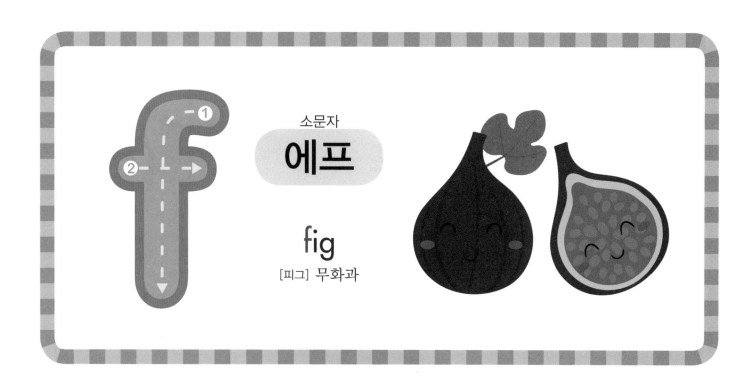

소문자
에프

fig
[피그] 무화과

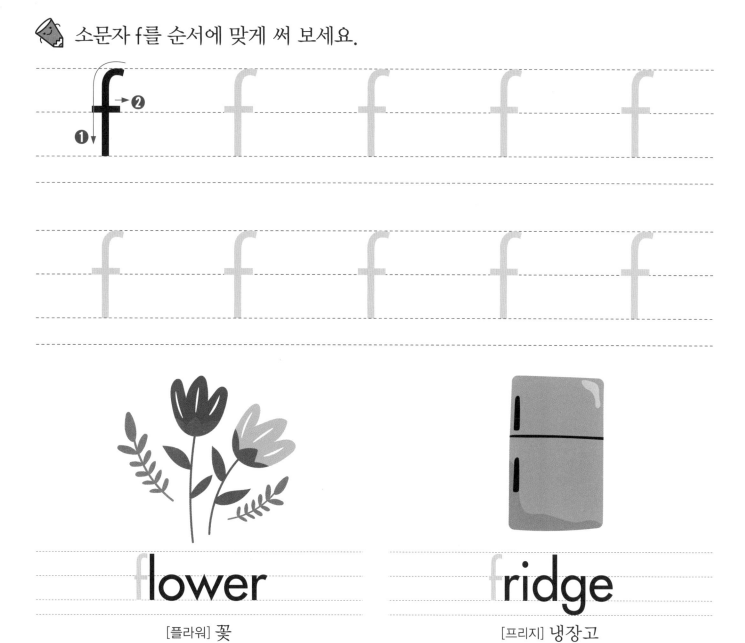

✎ 소문자 f를 순서에 맞게 써 보세요.

flower
[플라워] 꽃

fridge
[프리지] 냉장고

13

대문자
쥐

Giraffe

[저래프] 기린

✏️ 대문자 G를 순서에 맞게 써 보세요.

G G G G G

G G G G G

🔊 Gg는 주로 [그], [즈] 소리가 나요.

Gold

[골드] 금

Goose

[구스] 거위

Grape

[그레이프] 포도

소문자

쥐

garlic

[갈릭] 마늘

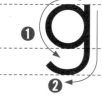 소문자 g를 순서에 맞게 써 보세요.

① **g** ②   g   g   g   g

g   g   g   g

ghost

[고스트] 유령

grass

[그래스] 풀, 잔디

알파벳 Aa~Gg의 대문자와 소문자를 함께 써 보세요.

A a A a
에이

B b B b
비

C c C c
씨

D d D d
디

E e E e
이

F f F f
에프

G g G g
쥐

알파벳 Aa~Gg의 대문자와 소문자를 바꿔 써 보세요.

A →   a →

B →   b →

C →   c →

D →   d →

E →   e →

F →   f →

G →   g

● 알파벳 이름과 대문자, 소문자를 선으로 이어 보세요.

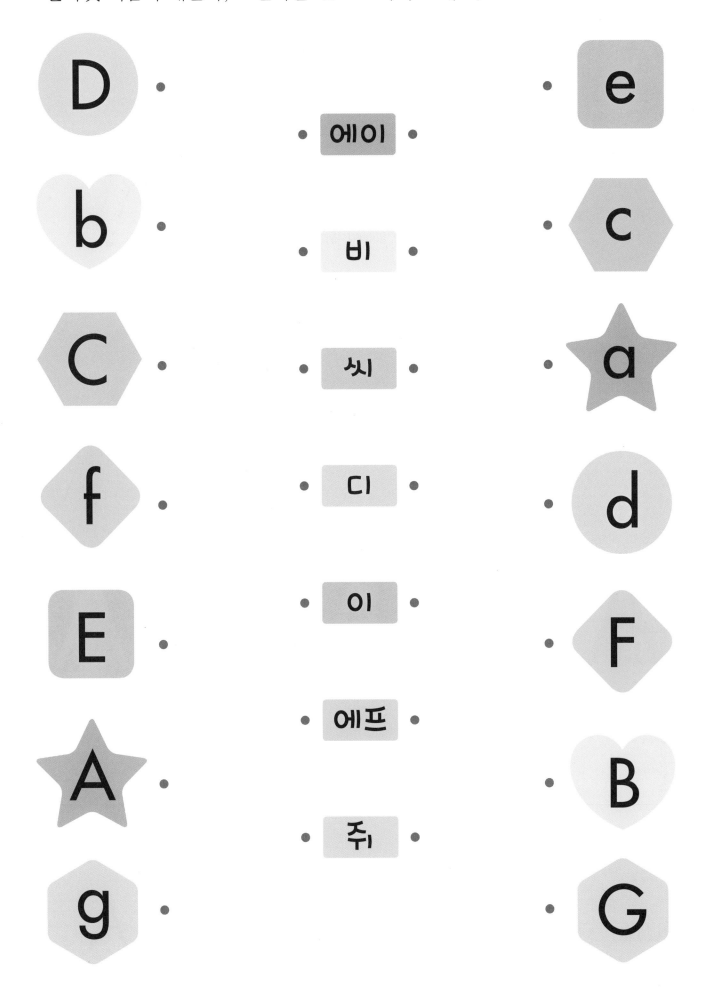

● 미로를 통과하여 만나는 곳에 알파벳 대문자를 써 주세요.

대문자
에이치

Horse
[호스] 말

✏️ 대문자 H를 순서에 맞게 써 보세요.

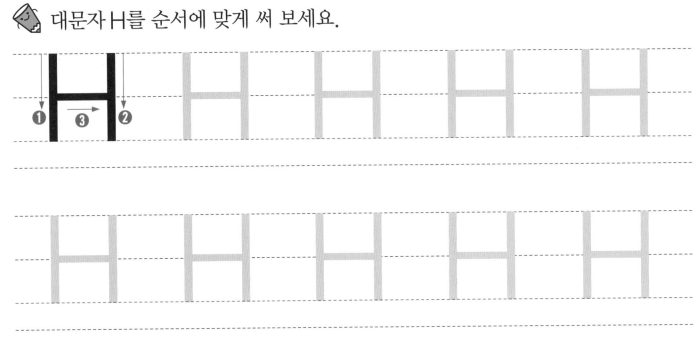

🔊 Hh는 주로 [흐] 소리가 나요.

Hat
[햇] 모자

Hand
[핸드] 손

Hen
[헨] 암탉

소문자
에이치

hazelnut
[헤이즐넛] 개암

 소문자 h를 순서에 맞게 써 보세요.

hippopotamus
[히퍼파터머스] 하마

hairdryer
[헤어드라이어] 헤어드라이기

21

대문자
아이

Iguana

[이구아나] 이구아나

✏️ 대문자 I를 순서에 맞게 써 보세요.

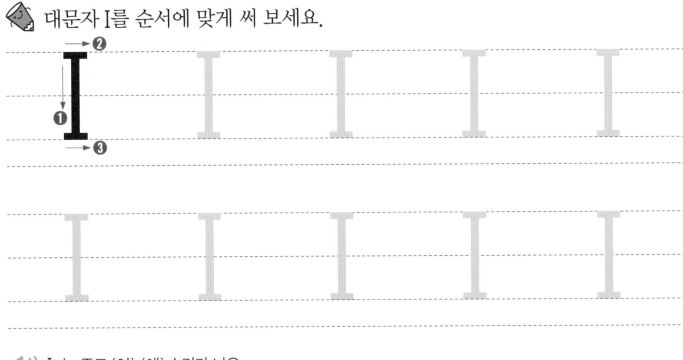

🔊 I i 는 주로 [이], [애] 소리가 나요.

Ink	Iron	Igloo
[잉크] 잉크	[아이언] 다리미	[이글루] 이글루

소문자
아이

iceberg lettuce

[아이스버그 레티스] 양상추

소문자 i를 순서에 맞게 써 보세요.

icecream

[아이스크림] 아이스크림

island

[아일랜드] 섬

대문자
제이

Jellyfish

[젤리피쉬] 해파리

✏️ 대문자 J를 순서에 맞게 써 보세요.

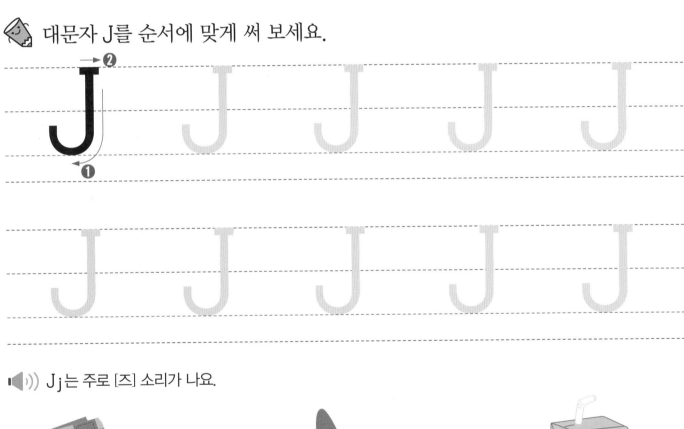

🔊 Jj는 주로 [즈] 소리가 나요.

Jeans

[진즈] 데님 천 바지, 청바지

Jet

[젯] 제트기

Juice

[주스] 즙

소문자
제이

jam
[잼] 잼

✏️ 소문자 j를 순서에 맞게 써 보세요.

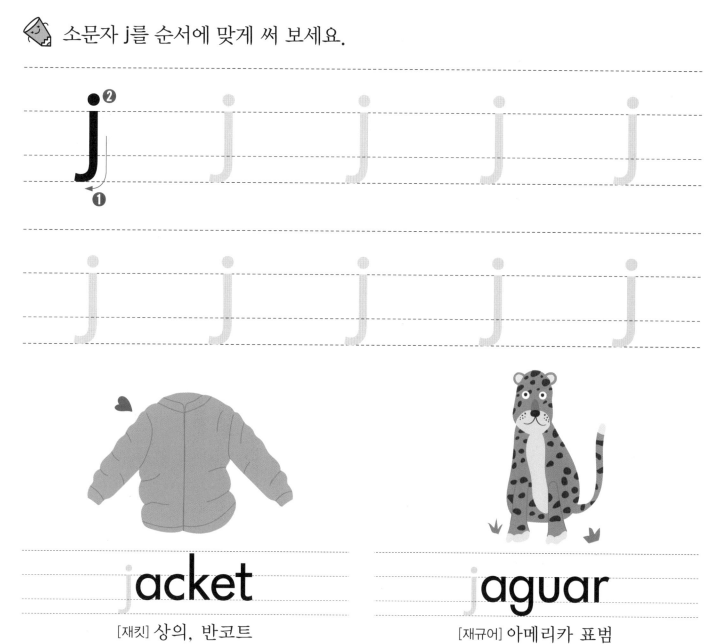

jacket
[재킷] 상의, 반코트

jaguar
[재규어] 아메리카 표범

25

대문자
케이

Kangaroo

[캥거루] 캥거루

대문자 K를 순서에 맞게 써 보세요.

K K K K K

K K K K K

Kk는 주로 [크] 소리가 나요.

Key

[키] 열쇠

Kite

[카잇] 연

King

[킹] 왕

소문자
케이

kiwi

[키위] 키위

 소문자 k를 순서에 맞게 써 보세요.

kettle

[케틀] 주전자

koala

[코알러] 코알라

대문자
엘

Lion
[라이언] 사자

✎ 대문자 L을 순서에 맞게 써 보세요.

❶
❷

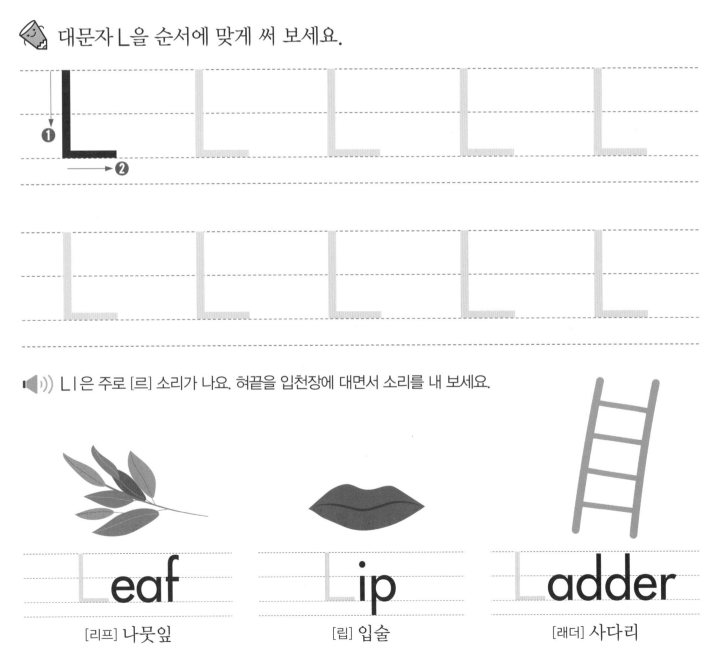

🔊 L l은 주로 [르] 소리가 나요. 혀끝을 입천장에 대면서 소리를 내 보세요.

Leaf
[리프] 나뭇잎

Lip
[립] 입술

Ladder
[래더] 사다리

소문자
엘

lemon

[레먼] 레몬

✎ 소문자 l을 순서에 맞게 써 보세요.

①

ladybug

[레이디버그] 무당벌레

lightbulb

[라이트벌브] 백열등

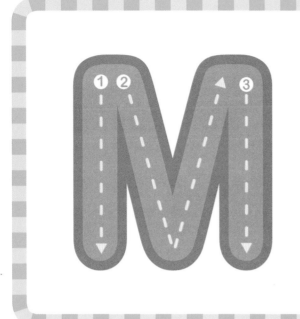

엠

Mouse
[마우스] 쥐

 대문자 M을 순서에 맞게 써 보세요.

M M M M M M

M M M M M

🔊)) Mm은 주로 [므] 소리가 나요.

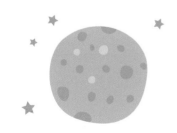

Moon

[문] 달

Melon

[멜런] 멜론

Milk

[밀크] 우유

소문자
엠

mushroom
[머쉬룸] 버섯

 소문자 m을 순서에 맞게 써 보세요.

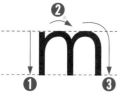

m m m m

m m m m

monster

[만스터] 괴물

monkey

[멍키] 원숭이

31

대문자
엔

Nest
[네스트] 둥지

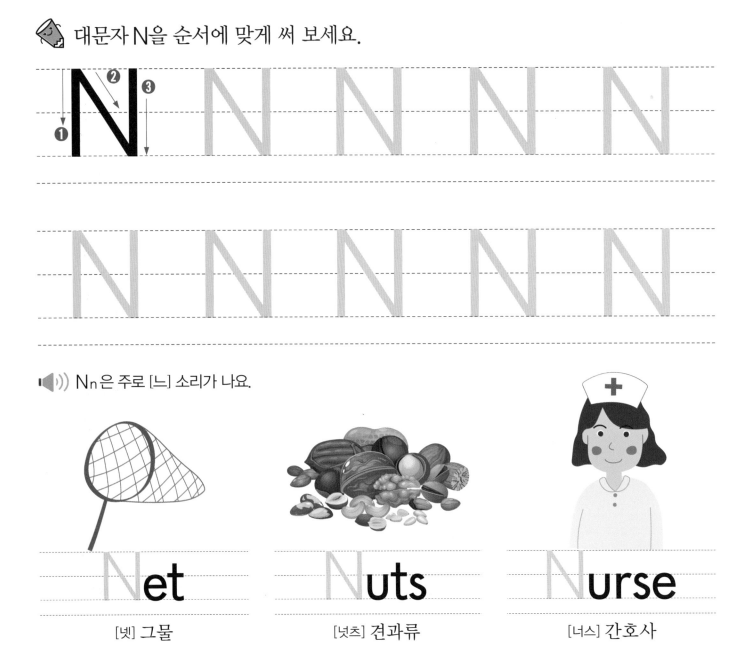

대문자 N을 순서에 맞게 써 보세요.

N N N N N

N N N N N

Nn은 주로 [느] 소리가 나요.

Net
[넷] 그물

Nuts
[넛츠] 견과류

Nurse
[너스] 간호사

소문자

엔

nectarine

[넥터린] 천도복숭아

✏️ 소문자 n을 순서에 맞게 써 보세요.

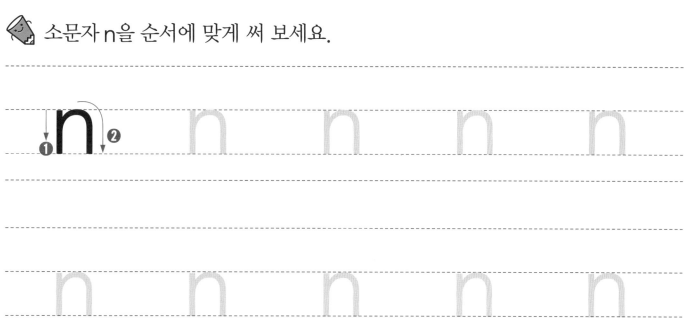

n n n n

n n n n

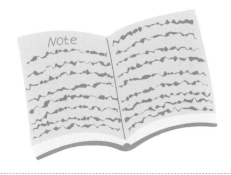

notebook

[노트북] 공책

necklace

[네클러스] 목걸이

알파벳 Hh~Nn의 대문자와 소문자를 함께 써 보세요.

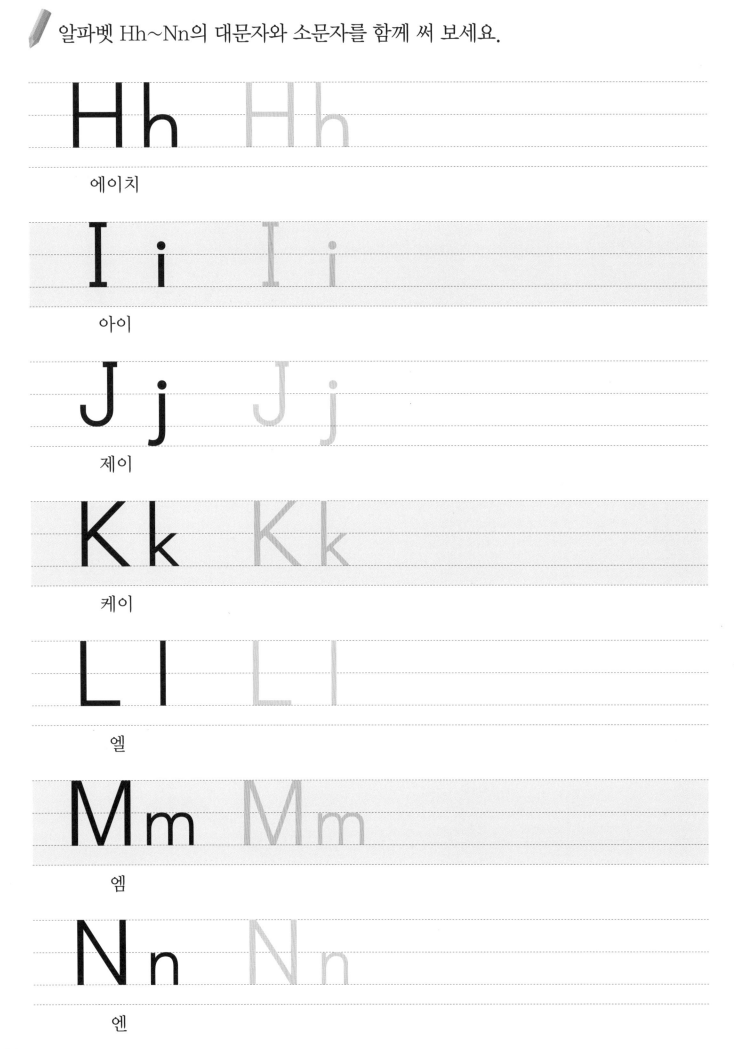

H h   H h

에이치

I i   I i

아이

J j   J j

제이

K k   K k

케이

L l   L l

엘

M m   M m

엠

N n   N n

엔

알파벳 Hh~Nn의 대문자와 소문자를 바꿔 써 보세요.

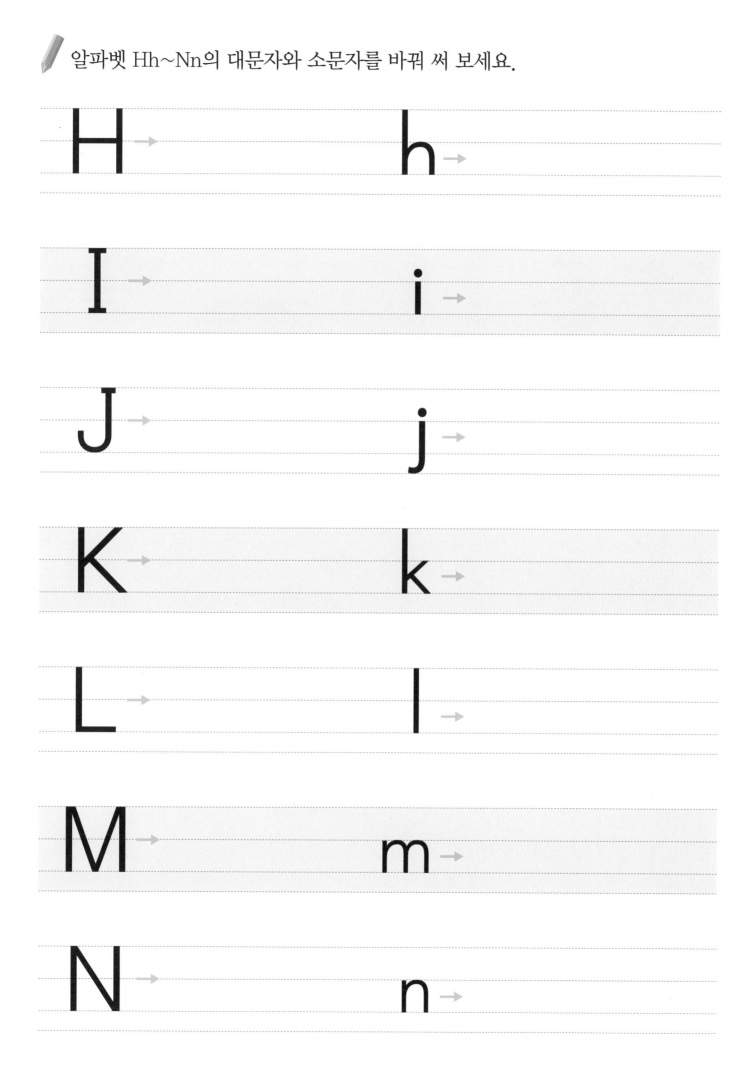

대문자와 소문자가 맞게 짝을 이룬 길로 가면 꿀을 딸 수 있어요. 출발~!

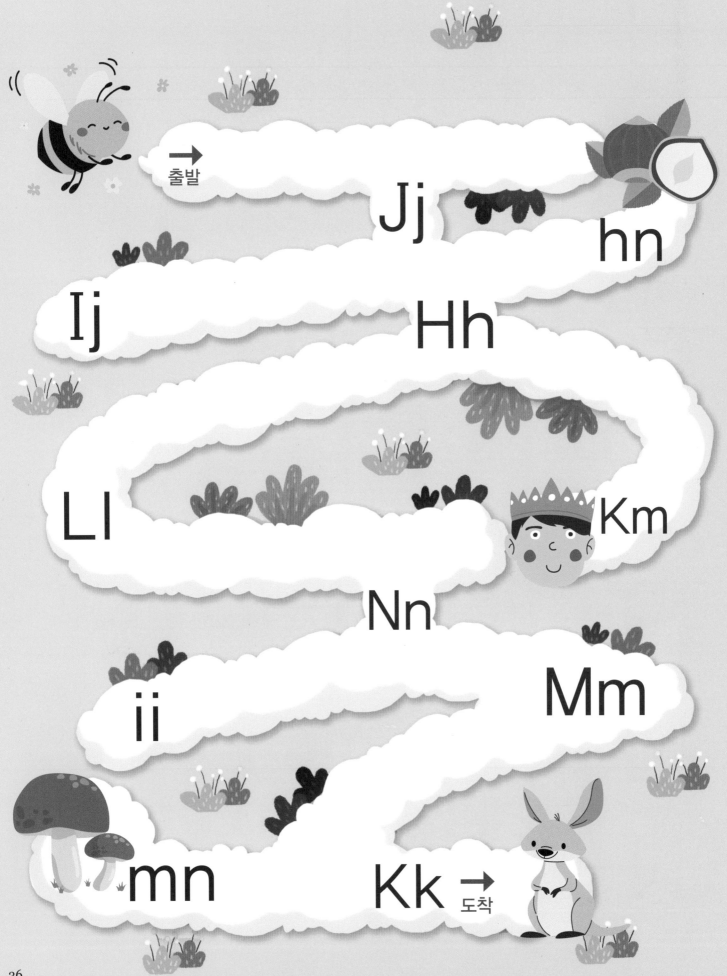

출발

Jj

hn

Ij

Hh

LI

Km

Nn

ii

Mm

mn

Kk 도착

● 잘못 짝을 이룬 알파벳을 모두 찾아 ×를 해 보세요.

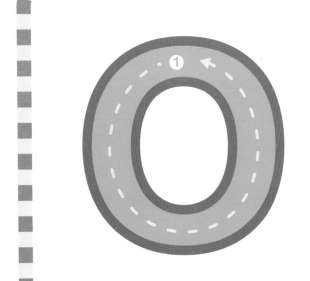

대문자

오

Owl

[아울] 올빼미

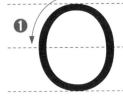 대문자 O를 순서에 맞게 써 보세요.

O O O O O

O O O O O

(()) Oo는 주로 [아], [어], [오] 소리가 나요.

 Olive

[알리브] 올리브

 Otter

[아터] 수달

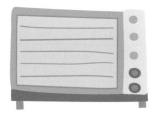 Oven

[어븐] 오븐

38

소문자

오

onion

[어니언] 양파

소문자 o를 순서에 맞게 써 보세요.

octopus

[악터퍼스] 문어

orange

[아린지] 오렌지

대문자
피

Pig

[피그] 돼지

✏️ 대문자 P를 순서에 맞게 써 보세요.

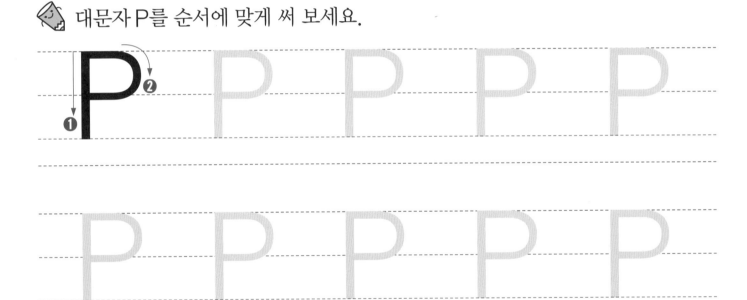

🔊 P p 는 주로 [프] 소리가 나요. 위아래 입술을 붙이면서 소리를 내요.

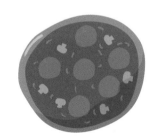

Pizza

[핏저] 피자

Pan

[팬] 프라이팬

Peach

[피치] 복숭아

소문자
피

pumpkin
[펌프킨] 호박

✏️ 소문자 p를 순서에 맞게 써 보세요.

p   p   p   p   p

p   p   p   p   p

pineapple
[파인애플] 파인애플

pencil
[펜슬] 연필

대문자

큐

Quail

[퀘일] 메추라기

✏️ 대문자 Q를 순서에 맞게 써 보세요.

Q Q Q Q Q

Q Q Q Q Q

🔊 Qq 는 주로 [크] 소리가 나요.

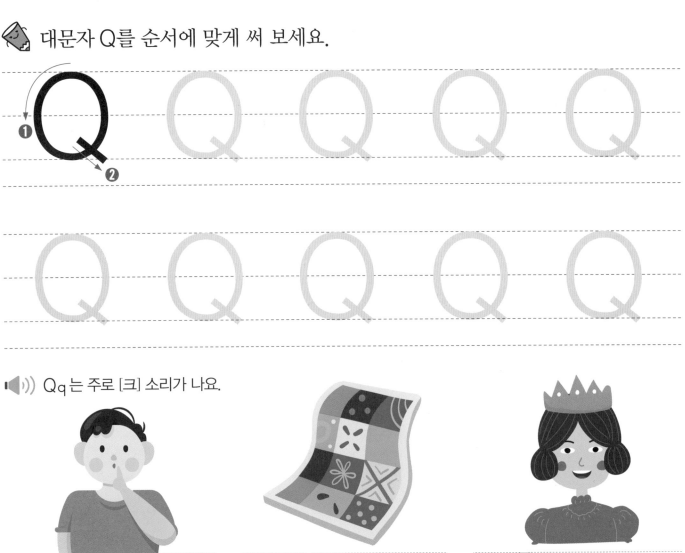

Quiet

[콰이엇] 조용한

Quilt

[퀼트] 누비이불

Queen

[퀸] 여왕

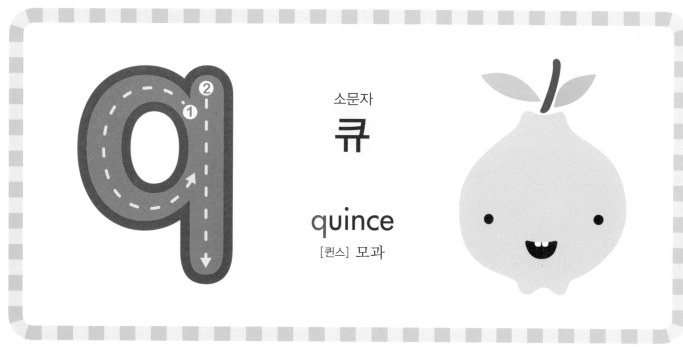

소문자

큐

quince

[퀸스] 모과

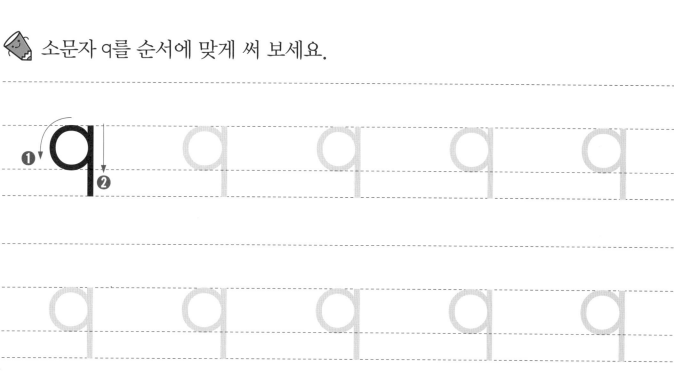

소문자 q를 순서에 맞게 써 보세요.

question

[퀘스천] 의문

quarter

[쿼터] 4분의 1

대문자
알

Rhinoceros
[라이나서러스] 코뿔소

대문자 R을 순서에 맞게 써 보세요.

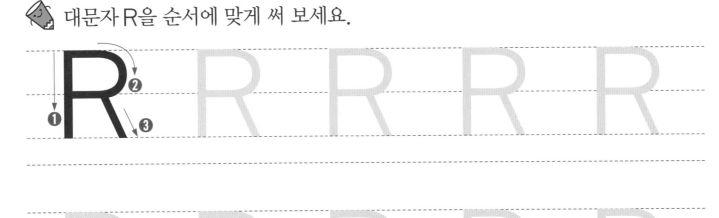

R R R R R

R R R R R

Rr은 주로 [르] 소리가 나요. 혀끝이 입천장에 닿지 않도록 구부려서 소리를 내요.

Rain
[레인] 비

Ring
[링] 반지

Rocket
[라킷] 로켓

소문자
알

radish

[래디쉬] 무

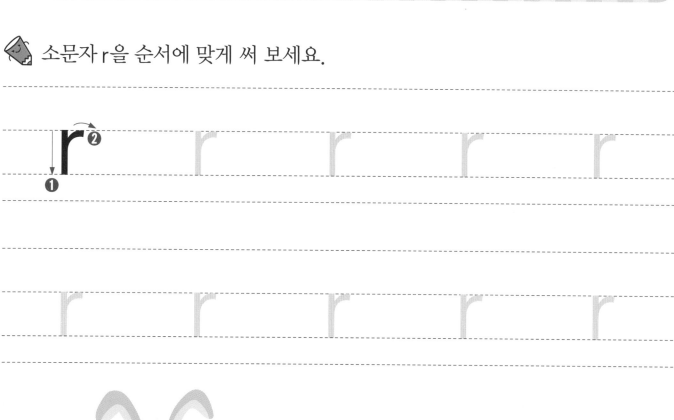

소문자 r을 순서에 맞게 써 보세요.

rabbit

[래빗] 토끼

rainbow

[레인보우] 무지개

대문자
에스

Sheep

[쉽] 양

✏️ 대문자 S를 순서에 맞게 써 보세요.

S S S S S

S S S S S

🔊 Ss 는 주로 [스], [즈] 소리가 나요.

Sun

[선] 태양, 해

Star

[스타] 별

Snake

[스네이크] 뱀

소문자
에스

strawberry

[스트로베리] 딸기

 소문자 s를 순서에 맞게 써 보세요.

S   S   S   S   S

S   S   S   S   S

scissors

[시저즈] 가위

saxophone

[색서폰] 색소폰

대문자

티

Tiger

[타이거] 호랑이

✏️ 대문자 T를 순서에 맞게 써 보세요.

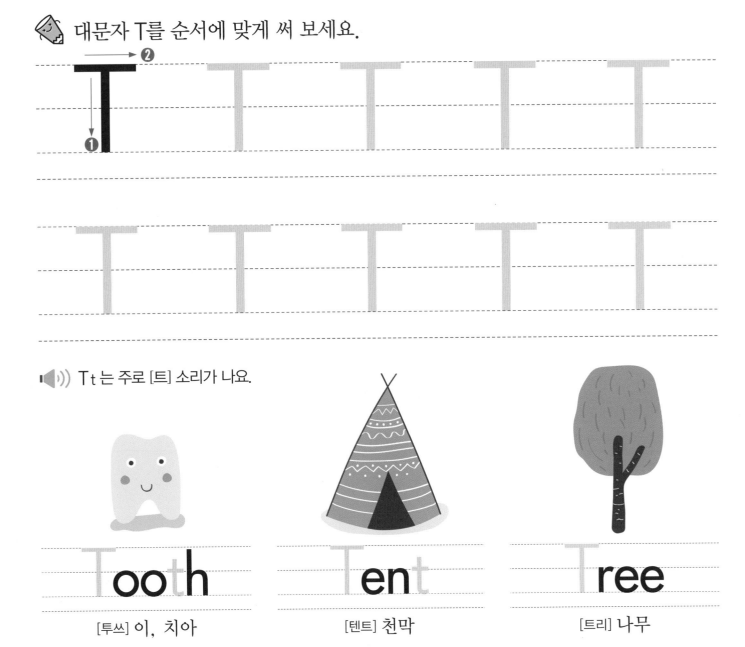

🔊 Tt 는 주로 [트] 소리가 나요.

Tooth

[투쓰] 이, 치아

Tent

[텐트] 천막

Tree

[트리] 나무

티

tomato

[터메이토] 토마토

 소문자 t를 순서에 맞게 써 보세요.

t   t   t   t   t

t   t   t   t   t

truck

[트럭] 트럭

turtle

[터틀] 거북

대문자
유

Unicorn
[유니콘] 유니콘

 대문자 U를 순서에 맞게 써 보세요.

 U u 는 주로 [어], [유] 소리가 나요.

 Urchin

[어친] 성게

 UFO

[유에프오] 유에프오

 Urn

[언] 항아리

소문자

유

ume

[우메] 매실

소문자 u를 순서에 맞게 써 보세요.

umbrella

[엄브렐러] 우산

underwear

[언더웨어] 속옷

알파벳 Oo~Uu의 대문자와 소문자를 함께 써 보세요.

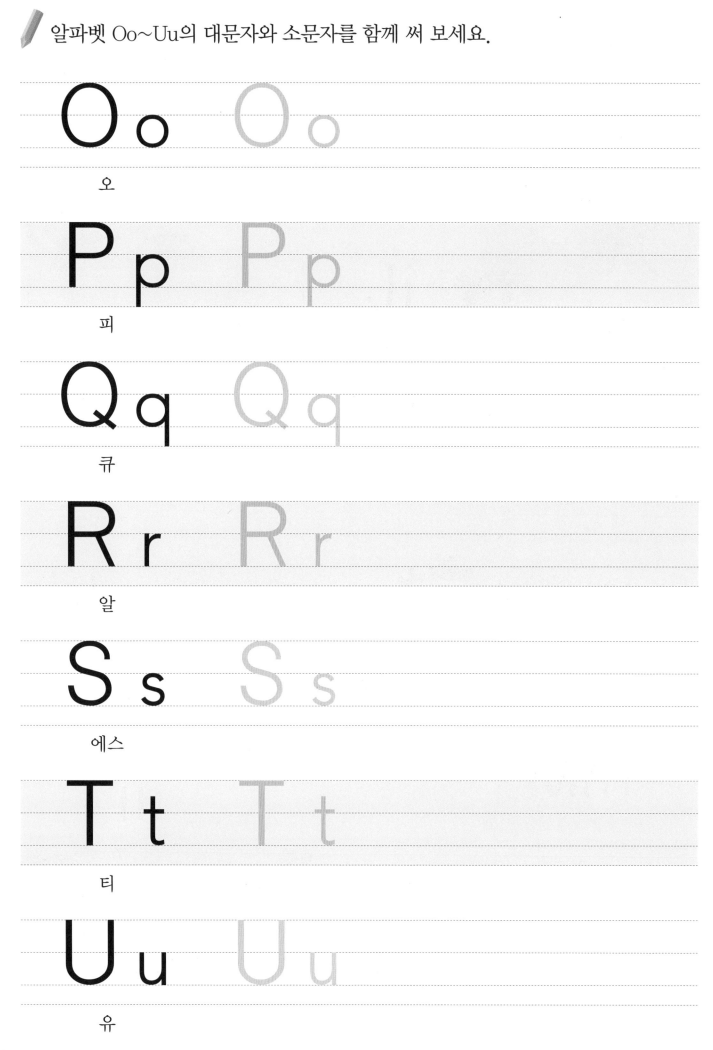

O o   O o

오

P p   P p

피

Q q   Q q

큐

R r   R r

알

S s   S s

에스

T t   T t

티

U u   U u

유

알파벳 Oo~Uu의 대문자와 소문자를 바꿔 써 보세요.

O →   o →

P →   p →

Q →   q →

R →   r →

S →   s →

T →   t →

U →   u →

대문자마다 선을 따라가 만나는 곳에 소문자를 쓰세요.

● 알파벳 이름과 대문자, 소문자를 선으로 이어 보세요.

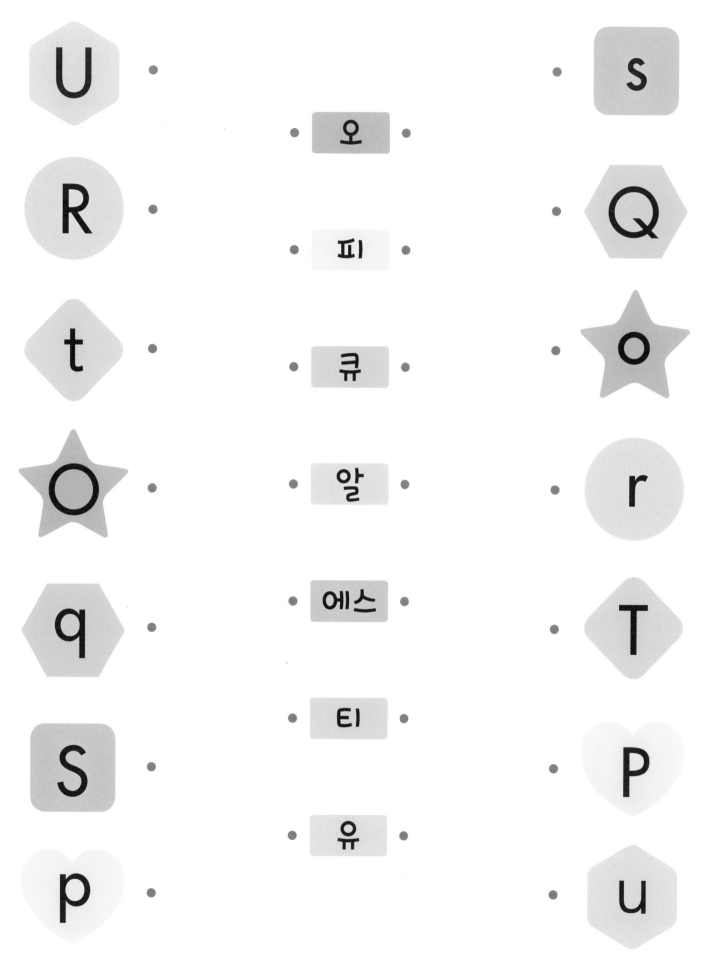

대문자

뷔

Vulture

[벌처] 독수리

대문자 V를 순서에 맞게 써 보세요.

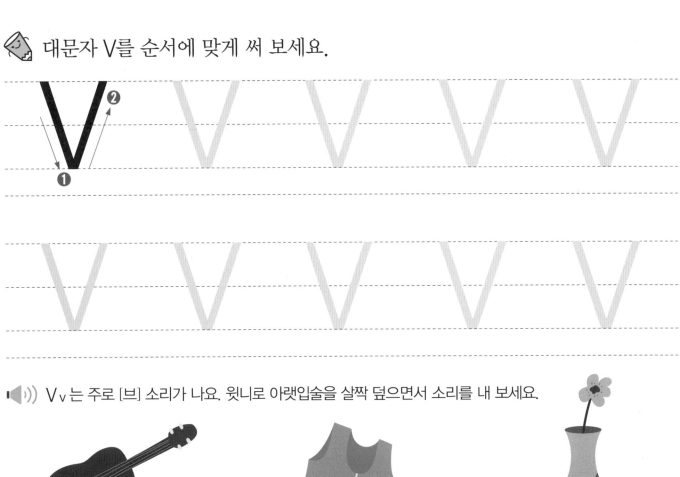

🔊 Vv는 주로 [브] 소리가 나요. 윗니로 아랫입술을 살짝 덮으면서 소리를 내 보세요.

Violin

[바이얼린] 바이올린

Vest

[베스트] 조끼

Vase

[베이스] 꽃병

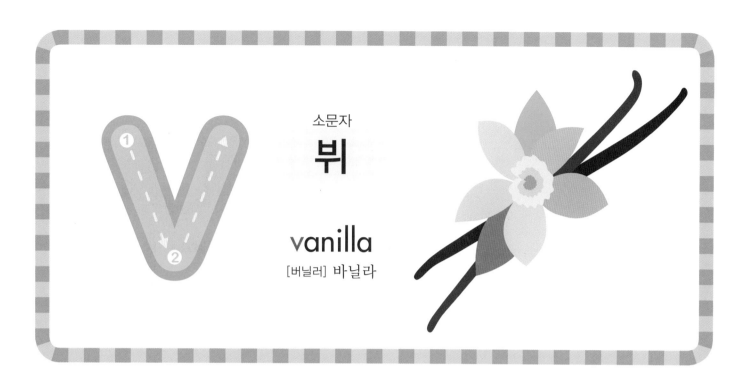

소문자
뷔

vanilla

[버닐러] 바닐라

 소문자 v를 순서에 맞게 써 보세요.

vegetable

[베저터블] 채소

volcano

[발케이노] 화산

대문자
더블유

Water

[워터] 물

✏️ 대문자 W를 순서에 맞게 써 보세요.

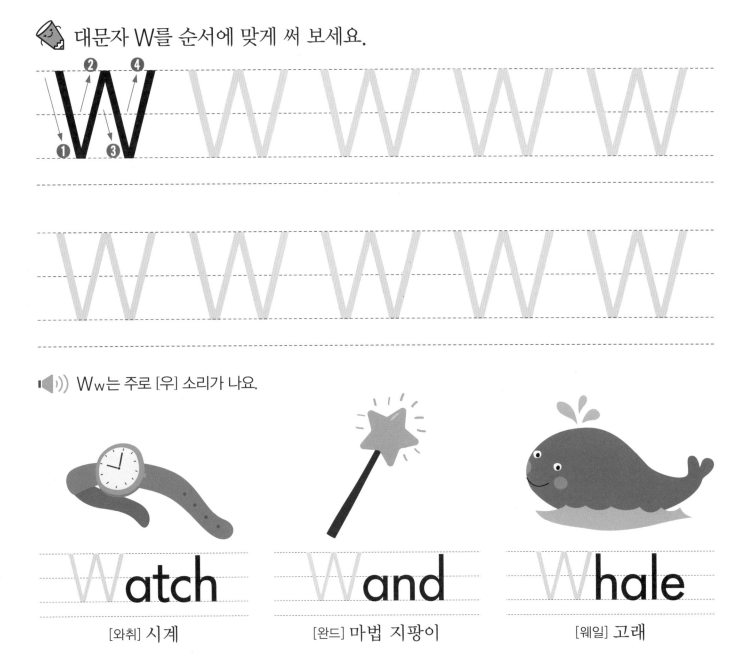

🔊 Ww는 주로 [우] 소리가 나요.

Watch

[와취] 시계

Wand

[완드] 마법 지팡이

Whale

[웨일] 고래

소문자

더블유

watermelon

[워터멜런] 수박

✏️ 소문자 w를 순서에 맞게 써 보세요.

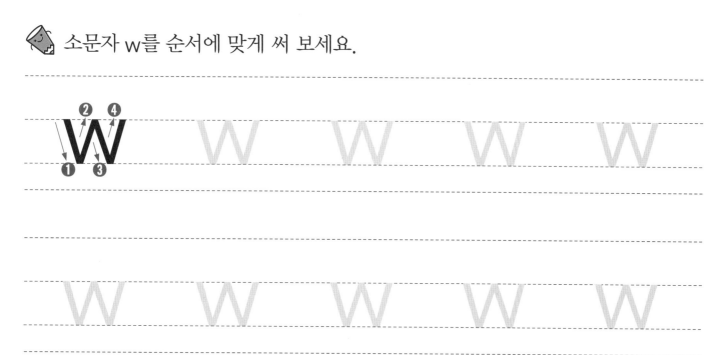

washstand

[와쉬스탠드] 세면대

wallet

[월릿] 지갑

대문자
엑스

X-ray

[엑스레이] 엑스레이

 대문자 X를 순서에 맞게 써 보세요.

①X② X X X X

X X X X X

🔊 Xx 는 주로 [ㅅ], [ㅈ] 소리가 나요.

X-ray fish

[엑스레이 피쉬] 투명 물고기

X-mas

[엑스마스] 크리스마스

엑스

ximenia

[시메니아] 시메니아(열대 식물)

소문자 x를 순서에 맞게 써 보세요.

X X X X

X X X X

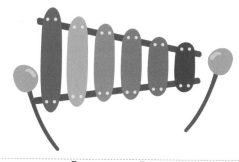

xylophone

[자일러폰] 실로폰

X

[엑스] 가위표

대문자

와이

Yak

[얘크] 야크

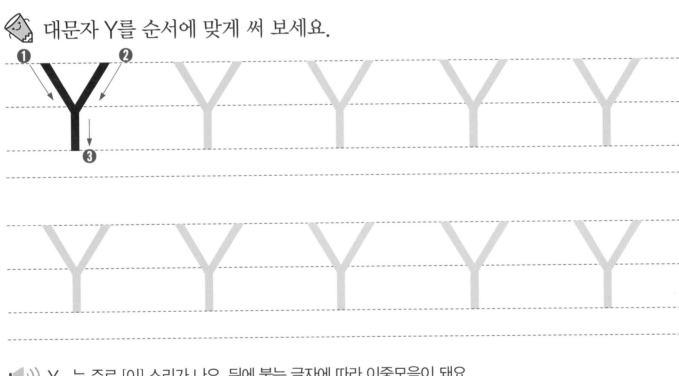

✏️ 대문자 Y를 순서에 맞게 써 보세요.

🔊 Y y 는 주로 [이] 소리가 나요. 뒤에 붙는 글자에 따라 이중모음이 돼요.

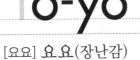

[요요] 요요(장난감)

[얏] 요트, 작은 배

Yolk

[요크] 노른자

소문자
와이

yam
[얨] 참마(열대 뿌리채소)

소문자 y를 순서에 맞게 써 보세요.

y y y y y

y y y y y

yogurt
[요거트] 요구르트

yellow
[옐로우] 노랑

대문자

지

Zebra

[지브러] 얼룩말

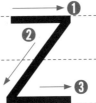 대문자 Z를 순서에 맞게 써 보세요.

Z Z Z Z Z

Z Z Z Z Z

🔊 Zz는 주로 [즈] 소리가 나요.

Zero

[지로] 영. 0

Zoo

[주] 동물원

Zeppelin

[제펄린] 체펠린 비행선

소문자
지

zucchini

[주키니] 애호박

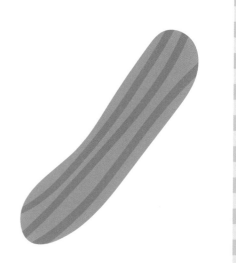

 소문자 z를 순서에 맞게 써 보세요.

zigzag

[지그재그] 지그재그

zipper

[지퍼] 잠그는 장치

알파벳 Vv~Zz의 대문자와 소문자를 함께 써 보세요.

V v V v

뷔

W w W w

더블유

X x X x

엑스

Y y Y y

와이

Z z Z z

지

알파벳 Vv~Zz의 대문자와 소문자를 바꿔 써 보세요.

V →   v →

W →   w →

X →   x →

Y →   y →

Z →   z →

숨어 있는 알파벳을 모두 찾아 ○를 해 보세요.

Vv Ww Xx Yy Zz

● 알파벳 이름과 대문자, 소문자를 선으로 이어 보세요.

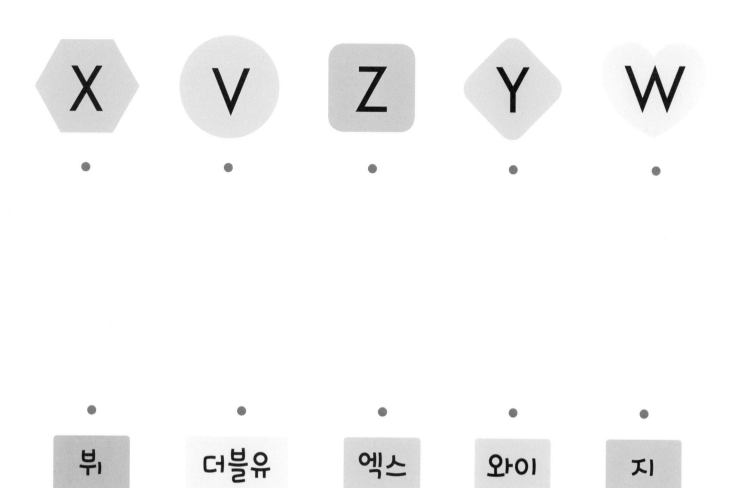

알파벳 대문자를 A부터 Z까지 한 번에 써 보세요.

A B C D E F G

H I J K L M N

O P Q R S T U

V W X Y Z

알파벳 소문자를 a부터 z까지 한 번에 써 보세요.

a b c d e f g

h i j k l m n

o p q r s t u

v w x y z

● 빈 곳에 알맞은 알파벳을 써 넣어 Aa~Zz까지 애벌레를 완성하세요.

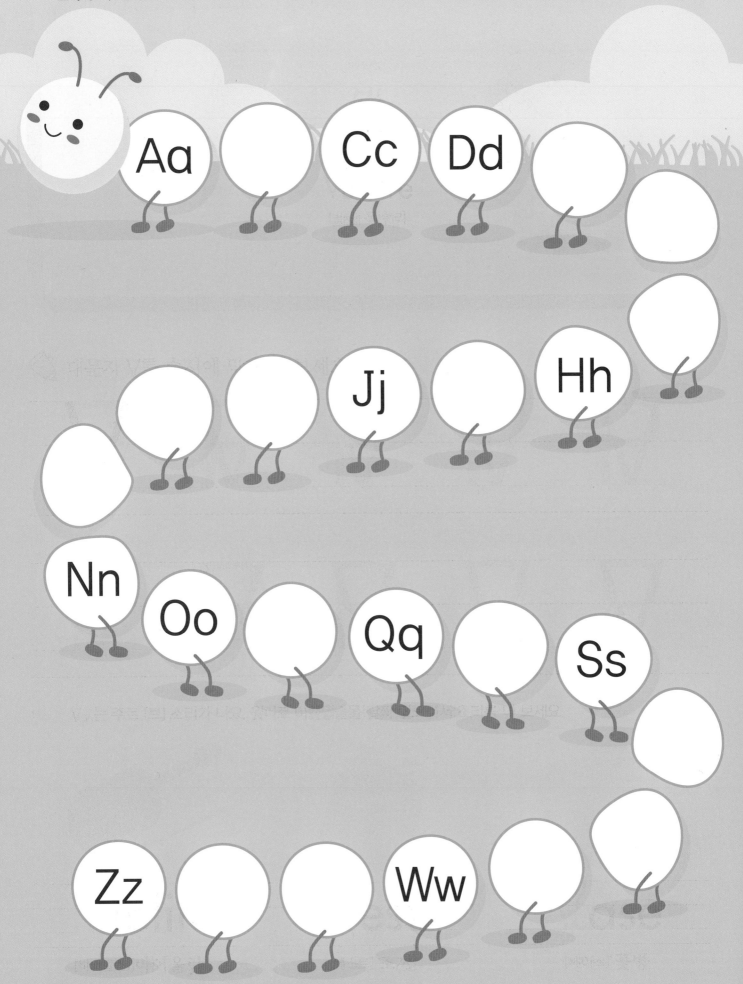

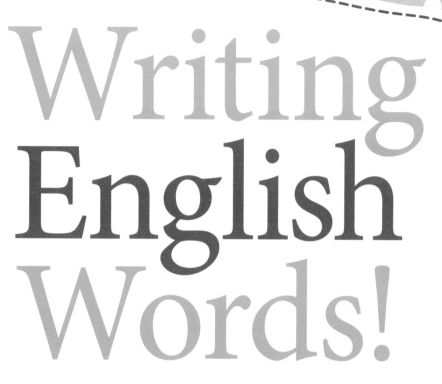

Writing English Words!

영단어 쓰기

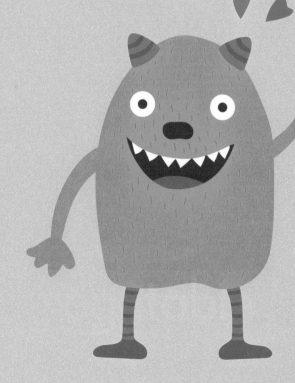

알파벳 쓰기를 마친
어린이 여러분 최고예요!!
이제부터는 알파벳이 만나 이루어진
단어를 써 볼까요?

우리 가족을 가리키는 말들이에요. 영어로 써 보세요.

[그랜드머더] 할머니

Grandmother

Grandmother

[머더] 어머니

Mother

Mother

[파더] 아버지

Father

Father

[브러더]
형, 오빠, 남동생

Brother

Brother

[시스터]
언니, 누나, 여동생

Sister

Sister

✏️ 우리 얼굴에 있는 여러 부분의 이름을 영어로 써 보세요.

Eye   Eye

[아이] 눈

Nose   Nose

[노즈] 코

Mouth   Mouth

[마우쓰] 입

Ear   Ear

[이어] 귀

Hair   Hair

[헤어] 머리카락

동물 이름을 영어로 써 보세요.

Bear Bear

[베어] 곰

Cat Cat

[캣] 고양이

Dog Dog

[도그] 개

Lion Lion

[라이언] 사자

Pig Pig

[피그] 돼지

🖊 동물 이름을 영어로 써 보세요.

Rabbit Rabbit

[래빗] 토끼

Fish Fish

[피쉬] 물고기

Hen Hen

[헨] 암탉

Camel Camel

[캐믈] 낙타

Deer Deer

[디어] 사슴

동물 이름을 영어로 써 보세요.

Monkey Monkey

[멍키] 원숭이

Mouse Mouse

[마우스] 쥐

Tiger Tiger

[타이거] 호랑이

Snake Snake

[스네이크] 뱀

Duck Duck

[덕] 오리

곤충 이름을 영어로 써 보세요.

Ant   Ant

[앤트] 개미

Bee   Bee

[비] 벌

Butterfly   Butterfly

[버터플라이] 나비

Fly   Fly

[플라이] 파리

Spider   Spider

[스파이더] 거미

✏️ 과일 이름을 영어로 써 보세요.

Apple Apple

[애플] 사과

Banana Banana

[버내너] 바나나

Grape Grape

[그레이프] 포도

Peach Peach

[피치] 복숭아

Pear Pear

[페어] 배

음식 이름을 영어로 써 보세요.

Bread Bread

[브레드] 빵

Cake Cake

[케이크] 케이크

Candy Candy

[캔디] 사탕

Salad Salad

[샐러드] 샐러드

Milk Milk

[밀크] 우유

꽃 이름을 영어로 써 보세요.

Azalea   Azalea

[어제일리어] 진달래

Goldenbell   Goldenbell

[골든벨] 개나리

Lily   Lily

[릴리] 백합

Rose   Rose

[로즈] 장미

Tulip   Tulip

[튤립] 튤립

색깔 이름을 영어로 써 보세요.

Red　Red

[레드] 빨강

Blue　Blue

[블루] 파랑

Yellow　Yellow

[옐로] 노랑

Green　Green

[그린] 초록

Pink　Pink

[핑크] 분홍

① 그림에 맞는 단어와 첫 글자의 대문자를 선으로 이어 보세요.

bread   yellow   spider   mother   grape

S G B M Y

② 빈칸을 채워 단어를 완성해 보세요.

ey<u>e</u>   l_on   _ee   r_se

③ 보기 의 단어를 이용하여 가로세로 퍼즐을 완성해 보세요.

보기

cat   candy   cake   hair   red   sister

↕머리카락   ↕고양이

| h | | c | | k | |
| 케이크 ⋯▶ |
| a |

↕빨강

| s | i | s | | e | | ⋯▶ 언니(여동생) |

| | r | | e |

| 사탕 ⋯▶ | c | | | y |

85

✏️ 계절 이름을 영어로 써 보세요.

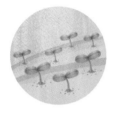
[시즌] 계절

Season

[스프링] 봄

Spring

[서머] 여름

Summer

[오텀] 가을

Autumn

[윈터] 겨울

Winter

자연 이름을 영어로 써 보세요.

Sun Sun

[선] 해

Moon Moon

[문] 달

Wind Wind

[윈드] 바람

Cloud Cloud

[클라우드] 구름

Rain Rain

[레인] 비

✏️ 여러 가지 사물을 영어로 써 보세요.

[볼] 공

Ball   Ball

[박스] 상자

Box   Box

[북] 책

Book   Book

[컵] 컵

Cup   Cup

[토이] 장난감

Toy   Toy

여러 가지 사물을 영어로 써 보세요.

Iron Iron

[아이언] 다리미

Telephone Telephone

[텔리폰] 전화기

Card Card

[카드] 카드

Basket Basket

[배스킷] 바구니

Chair Chair

[체어] 의자

✏️ 여러 가지 탈것을 영어로 써 보세요.

Ambulance

[앰뷸런스] 구급차

Car

[카] 자동차

Ship

[쉽] 배

Taxi

[택시] 택시

Train

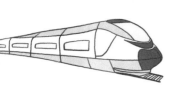

[트레인] 기차

✏️ 여러 가지 탈것을 영어로 써 보세요.

Airplane

[에어플레인] 비행기

Boat

[보트] 작은 배, 보트

Truck

[트럭] 트럭

Bike

[바이크] 자전거

Helicopter

[헬리캅터] 헬리콥터

✏️ 악기 이름을 영어로 써 보세요.

[첼로] 첼로

Cello

[드럼] 북

Drum

[기타] 기타

Guitar

[피애노] 피아노

Piano

[바이얼린] 바이올린

Violin

운동 이름을 영어로 써 보세요.

Baseball

[베이스볼] 야구

Boxing

[박싱] 권투

Tennis

[테니스] 테니스

Soccer

[사커] 축구

Swim

[스윔] 수영

1~5까지의 숫자를 영어로 써 보세요.

One　One

[원] 1, 하나

Two　Two

[투] 2, 둘

Three　Three

[쓰리] 3, 셋

Four　Four

[포어] 4, 넷

Five　Five

[파이브] 5, 다섯

🖋️ 6~10까지의 숫자를 영어로 써 보세요.

Six Six

[식스] 6, 여섯

Seven Seven

[세븐] 7, 일곱

Eight Eight

[에잇] 8, 여덟

Nine Nine

[나인] 9, 아홉

Ten Ten

[텐] 10, 열

1 빈칸을 채워 단어를 완성해 보세요.

book   _ar   s_im   si_

2 보기 의 단어를 이용하여 가로세로 퍼즐을 완성해 보세요.

보기

seven book rose ship train piano

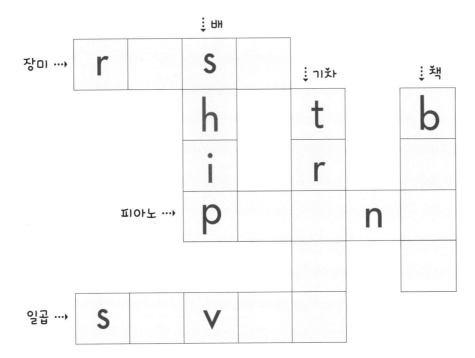